AF336071

NOUVELLE BIBLIOTHÈQUE THÉATRALE

LA BOURSE

AU VILLAGE

VAUDEVILLE EN UN ACTE

PAR

MM. CLAIRVILLE, LUBIZE ET SIRAUDIN

Prix : 50 centimes

PARIS

LIBRAIRIE NOUVELLE

BOULEVARD DES ITALIENS, 15, EN FACE DE LA MAISON DORÉE

1856

LA BOURSE

AU VILLAGE

VAUDEVILLE EN UN ACTE

PAR

MM. CLAIRVILLE, LUBIZE ET SIRAUDIN

REPRÉSENTÉ

POUR LA PREMIÈRE FOIS SUR LE THÉATRE DES VARIÉTÉS, LE 2 JUILLET 1856

PARIS
LIBRAIRIE NOUVELLE

BOULEVARD DES ITALIENS, 15, EN FACE DE LA MAISON DORÉE

Représentation, traduction et reproduction réservées à l'étranger

1856

PERSONNAGES

TRUCHELU, paysan madré	MM CHRISTIAN,
BOURÈCHE, paysan.	CH. POTIER.
MALCUIT, perruquier.	F. HEUZEY.
EUSTACHE, paysan.	DALIÈRE.
FLOQUET, fiancé de Denise.	ROLAND.
JEAN, paysan.	LEMONNIER.
NICOLAS, idem.	HECTOR.
UN GARDE CHAMPÊTRE.	OGEZ.
DENISE, fille de Bourèche	Mlle GERNETIER.
MARIANNE, sa femme.	Mme DULAC.

PAYSANS, PAYSANNES.

Toutes les indications sont prises de la gauche et de la droite du spectateur, etc.

LA BOURSE AU VILLAGE

Une ferme. — Décor d'intérieur. — Porte au fond, donnant sur le village. — A droite, premier et deuxième plan, deux portes. — Une autre porte à gauche, au troisième plan. — Deux tables, à droite et à gauche. — Escabeaux. — Un grand baquet monté sur trois pieds, au fond, à droite.

SCÈNE PREMIÈRE.

BOURÈCHE, MARIANNE, DENISE.

Au lever du rideau, Bourèche est assis dans un coin, à gauche. Il écrit sur un calepin. Marianne et Denise sont à droite. Denise en mariée, devant un miroir accroché au mur de droite. Marianne est occupée d'achever la toilette de sa fille.

BOURÈCHE.

Et 6, 56 ; en 56, je pose 6 et je retiens...

MARIANNE.

Regarde donc, notre homme, comme Denise est jolie.

BOURÈCHE.

Et je retiens 5.

MARIANNE.

Voyez s'il sortira de ses chiffres !

BOURÈCHE.

5 et 3, 8... 8 et...

MARIANNE.

Monsieur Bourèche !

BOURÈCHE.

Bon, bon... 8 et 4...

MARIANNE.

Tenez, vous êtes indigne d'être père.

BOURÈCHE.

Très-bien, très-bien... et 4, 12...

DENISE, allant à son père.[*]

Mon père...

BOURÉCHE, avec impatience.

Hé !...

DENISE.

Mon père a le droit de ne pas faire attention à moi ; mais mon futur, monsieur Floquet, voyez s'il viendra !...

AIR : *Adieu, je vous fuis, bois charmant.*

Depuis huit jours, il est en r'tard,
Et sa lenteur me contrarie.
A peine arrive-t-il, qu'il part...
J' l'attends même pour la mairie.
Je ne dirai rien aujourd'hui,
Mais, quand il sera votre gendre,
A mon tour, pour me venger d' lui,
Je vous promets de l' faire attendre.
Oui, quand il sera mon mari,
Je me promets de l' faire attendre,
Il peut s'apprêter à m'attendre.

BOURÉCHE, se levant.

Au diable les femmes! J' vous d'mande un peu s'il est possible d' faire des calculs quand on s'entend bourdonner aux oreilles ni plus ni moins qu' dans une forêt de hannetons. Voyons, quoi qu' tu lui r'proches à ton futur?

DENISE.

J' lui reproche d'être en r'tard. Un garçon si gentil, qui ne pensait qu'à moi, et qui maintenant...

BOURÉCHE.

Maintenant, y pense à t'enrichir... C'est moi qui lui ai dit : Si tu veux épouser ma fille, y faut que t'aies la triture des affaires... Alors, y s'y est mis, et, à l'heure qu'il est, il s'occupe d' sa fortune.

DENISE.

L' jour de la noce, un mari ne doit s'occuper que d'sa femme.

BOURÉCHE.

Queu bêtise!

MARIANNE, qui a passé à gauche.[**]

Denise a raison.

BOURÉCHE.

Mais, ingrates que vous êtes, si nous nous écarquillons toute

[*] Bouréche, Denise, Marianne.
[**] Marianne, Bouréche, Denise.

la journée sur des *cannepins* qu'nous avons achetés à la foire dernière, est-ce que c'est pas pour vous, pour vous enrichir ?

DENISE.

Nous avons assez d' quoi.

BOURÈCHE.

Oui, mais quand on peut en avoir davantage de quoi !... Vois-tu, Marianne... (A Denise.) Écoute aussi, toi, petiote... (Il les rappro-che de lui.) Vous vous rappelez bien le voisin Fillerin, qu' est parti d'ici, il y a trois ans, en gros sabots ?

DENISE.

Oui.

MARIANNE.

Après ?

BOURÈCHE.

Eh ben ! il est allé à Paris, et aujourd'hui, c'est plus des sa-bots qu'il a, c'est des bottes, des vraies bottes.

MARIANNE.

Queu qu' ça nous fait ?

BOURÈCHE.

Et, ce qu'il y a de mieux, c'est qu'il a du foin dedans.

DENISE.

Ça doit le gêner pour marcher.

BOURÈCHE.

Quelle oie que cett' fille-là !... Du foin, ça veut dire de l'ar-gent.

DENISE.

Il a d' l'argent dans ses bottes ?

BOURÈCHE.

Oh ! quelle dinde ! Il a de l'argent dans sa poche. Avoir du foin dans ses bottes, ça veut dire de l'argent plein ses poches... et c't argent, c'est à la Bourse de Paris qu'il l'a gagné.

MARIANNE.

A la Bourse d' Paris ?...

BOURÈCHE.

A mon dernier voyage, j'ai été le voir, ce bon Fillerin ; il a un hôtel avec des domestiques dorés sur toutes les coutures ; il m'a reçu très-bien... à la porte.

MARIANNE.

A la porte ?

BOURÈCHE.

Ah ! je vais te dire : c'est si propre chez lui qu'il avait peur que je salisse sa cuisine. Mais il est sorti avec moi jusqu'à sa voiture, et, chemin faisant, il m'a expliqué son jeu. Oh ! c'est un fier jeu, va !... alors, moi j'ai été à la Bourse, j'ai vu com-ment est-ce que ça se jouait... à preuve même que j'en ai rap-porté une cote.

MARIANNE.

Une cotte! pour moi?

BOURÈCHE, montrant un papier.

Mon Dieu! que les femmes sont bêtes!... Une cote c'est pas un jupon... c'est un morceau de papier avec quoi qu'on sait l'cours des valeurs.

MARIANNE.

Oui, et c'est avec ça que depuis quinze jours vous avez mis le village sans dessus dessous... de façon qu'à présent tout l'pays n'est occupé que d'la grande et d'la petite Bourse.

BOURÈCHE.

Oui, c'est grâce à moi que nous en avons deux... le matin, la petite Bourse, qui se tient dans la grande rue, le long du ruisseau...

MARIANNE.

Et à une heure, c'est ici que se tient la grande... et comme c'est amusant pour nous, des paysans qui crient, qui braillent, qu'on ne s'entend plus.

BOURÈCHE.

Ah! dame, à la Bourse faut crier pour s'entendre... à celle de Paris, c'est quand on ne s'entend plus qu'on s'entend le mieux.

Air : *Au mont Ida.*

Vers ce temple j'ai pris ma course,
Et dam', moi, j'en étais tout fier;
Mais, à peine entré dans la Bourse,
J' croyais être entré dans l'enfer!
Presque effrayé de mes semblables,
Bien vite j' monte un escalier...
Et, d'en haut, j' croyais voir des diables,
Qui s' dém'naient dans un bénitier!
Des vrais diabl's dans un bénitier!

DENISE.

C'est la même chose ici.

MARIANNE.

C'est encore pis.

BOURÈCHE.

Malheureusement, non, pas encore. D'abord, nous ne sommes pas tant de monde, et puis, dès que nous avons crié un quart d'heure, nous sommes fatigués et nous faisons sonner la cloche; tandis qu'à Paris, y crient pendant deux heures, sans paraître y penser. Faut que ces gens-là aient de fameux coffres.

MARIANNE.

Un quart d'heure, c'est déjà trop, et je ne veux plus d' ça...
J'entends que dès demain...

BOURÉCHE.

Demain, tu m' f'ras l' plaisir d' nous laisser faire comme les
autr's jours.

MARIANNE.

C'est ce que nous verrons.

BOURÉCHE.

C'est tout vu.

   (Ici, Truchelu paraît au fond, venant de la gauche, un journal à la main.)

SCÈNE II.

LES MÊMES, TRUCHELU.

BOURÉCHE, voyant Truchelu. *

Tiens, Truchelu!

TRUCHELU, s'arrêtant.

Eh! oui, c'est moi!...

BOURÉCHE, riant.

Et il lit le journal!

TRUCHELU.

Pourquoi pas?

BOURÉCHE.

Prête donc un peu.

TRUCHELU.

Pourquoi faire?

BOURÉCHE, prenant le journal.

Que je voie le cours de la Bourse! (Regardant le journal.) Oh!...
le Nord baissé de cinq francs!...

TRUCHELU, vivement.

Comment, baissé?.. mais non... monté de cinq francs!

BOURÉCHE.

Tiens! c'est vrai... je me trompais de colonne!... (A Truchelu.)
Mais comment sais-tu?... Tu comprends donc?...

TRUCHELU.

Moi, j' comprends rien... j' dis ça machinalement... (A Denise.)
Vot' serviteur, mam'selle Denise.

DENISE, sèchement.

Vot' servante.

  * Marianne, Bouréche, Truchelu, Denise.

TRUCHELU.

Pourquoi donc, mam'selle Denise, que vous êtes si sèche avec moi ?... C'est-y parce que vot' futur vous néglige, que vous rudoyez le pauv' monde ?... C'est-y ma faute, si, au lieu de cajoler sa jolie petite femme, y s' promène, à c'te heure, tout le long du ruisseau, avec un tas d' faignants.

BOURÈCHE, remontant.

Il est à la petite Bourse ?...

MARIANNE, l'arrêtant.*

Eh ben ! est-ce que tu vas le rejoindre, toi ?

BOURÈCHE.

C'était pour le ramener.

TRUCHELU.

C'est plus d' la passion... c'est d' la folie... c'est une toquade générale, quoi !

BOURÈCHE, allant à Truchelu. **

Dis donc, toi, Truchelu, tu voudrais t'y mécaniser la Bourse, hein ?

TRUCHELU.

Oui, que je la mécanise, et que je la mécaniserai... Y'là-t'y pas une belle invention et qui produit d' belles choses !... témoin c'te gentille petite mariée, qu' son futur plante là, pour aller barboter dans la grande rue.... (A Denise.) C'est pas moi, mam'-selle, que, si j'étais vot' futur, j' vous planterais là, pour aller barboter.

BOURÈCHE.

Te tairas-tu !

TRUCHELU.

Pourquoi donc que je me tairais ? J' dis c' que j' pense !... (A Denise.) Je n' joue pas, moi, mam'selle ; j' travaille, moi ; j'ai un champ, moi ; j' laboure mon champ, j' donne à manger à mes bêtes, moi ; car j'ai un champ et des bêtes.

BOURÈCHE, haussant les épaules.

Peuh !

TRUCHELU.

Et j' travaille pour les nourrir, mes bêtes, et moi avec, et sans user de *susterfuge* pour m'enrichir.

BOURÈCHE.

Imbécile !

MARIANNE.

Eh ben ! j' trouve qu'il a raison, moi !

DENISE.

Et moi aussi !..

* Bourèche, Marianne, Truchelu, Denise.
** Marianne, Bourèche, Truchelu, Denise.

AIR : des Scythes et des Amazones.

J' sais qu'à la Bourse on s'enrichit tout d' suite ;
Mais cet argent, dont j' vous entends parler,
Quand, pour venir, il a roulé trop vite,
Il roule encor' plus vit' pour s'en aller...
C'est un argent qui ne fait que rouler.
Quand vers la Bours', vous prenez votre course,
C'est votre bours' qu'on vient vous y d'mander ;
Car nous n'avons aujourd'hui qu'un' grand' bourse,
Où tout's les p'tit's finiront par s' vider.
Oui, nous n'avons aujourd'hui qu'un' grand' bourse,
Où les autres vont se vider...
Vous verrez les vôtres s'y vider ! (Bis.)

MARIANNE.

Pour ce qui est de ça, c'est vrai.

BOURÈCHE.

C'est vrai... mais non, c'est pas vrai !... D'abord, ici, nous ne jouons pas d'argent.

TRUCHELU.

Non, mais vous jouez les produits de vos champs, vous jouez des fruits fin courant, des légumes à primes, vous finirez par jouer vos femmes dont deux sous.

BOURÈCHE.

Dont deux sous !... Truchelu !...

DENISE, voyant entrer Floquet.

Ah ! enfin, le v'là ! (Truchelu passe à droite.)

SCÈNE III.

LES MÊMES, FLOQUET.

FLOQUET, entrant par le fond.*

Ouf ! je n'en puis plus ! Ah !... père Bourèche !...

MARIANNE.

N'avez-vous pas d' honte de vous faire attendre comme ça, un jour de noce ?

DENISE.

C'est-y comme ça que vous comptez vous conduire ?

FLOQUET.

Allons, bon !... v'là comme on me r'çoit, quand je suis en nage.

TRUCHELU.

L' fait est que t'es pas poli quand t'as chaud.

* Marianne, Bourèche, Floquet, Denise, Truchelu.

FLOQUET.

Est-ce que tu vas m'asticoter aussi, toi ?

BOURÈCHE.

Voyons, mon gendre, qu'est-ce qui vous asticote ?

FLOQUET.

C' qui m'asticote, c'est que la Bourse monte et que je suis à la baisse.

TRUCHELU.

Tu joues à la baisse, toi, un nouveau marié !... tu joues à la baisse !...

FLOQUET.

Truchelu, ne m'asticote pas.

DENISE.

Et sa barbe qui n'est tant seulement pas faite !

FLOQUET.

Est-ce qu'on peut tout faire à la fois ?

DENISE.

Ah çà ! croyez-vous que j' vais vous épouser avec c'te barbe-là ?

FLOQUET.

Mais non, l' père Malcuit va v'nir ici tout à l'heure.

TRUCHELU.

Tu vas te faire raser chez ta future ? c'est galant. Dites donc, mam'selle Denise, c'est galant !...

FLOQUET.

Oh ! qu'y m'asticote !

DENISE.

Le fait est que ça ne se fait pas.

FLOQUET.

Mais puisque le mariage est reculé, nous avons tout le temps.

MARIANNE et DENISE.

Comment, le mariage est reculé ?

FLOQUET.

Oui ! j'oubliais de vous dire ça... J'ai si chaud... Le maire, son adjoint, le suisse et le bedeau ont remis la cérémonie après la Bourse.

TRUCHELU, à Denise.

Vous voyez !

MARIANNE et DENISE.

Ah ! (Bourèche remonte avec Marianne.)

FLOQUET.

Quoi ? est-ce ma faute ? Ils ont des affaires, ces gens. (A part.) Puisque ce satané père Bourèche nous a fourré toutes ces belles idées dans la tête... Oh ! Dieu ! ça m'embête-t'y, la Bourse !...

BOURÈCHE, au fond.

Ah ! v'là l' père Malcuit !...

SCÈNE IV.

LES MÊMES, MALCUIT, entrant par le fond.

MALCUIT, avec un plat à barbe, une serviette et ses rasoirs. *
Ne vous impatientez pas, j'apporte tout ce qu'il faut.
(Il place ses ustensiles sur la table de gauche.)
FLOQUET, ôtant son habit et sa cravate.
Alors, rasez-moi tout de suite.
DENISE.
Il se déshabille !
FLOQUET.
Mais non, j'ôte mon habit seulement.
TRUCHELU.
Ah ! je m'en vais, parce que ça me scandalise.
FLOQUET.
De quoi ?
TRUCHELU.
Je suis scandalisé, que j' te dis.
FLOQUET.
A cause ?
TRUCHELU.
A cause que si j'étais à la place de mam'selle...
FLOQUET.
Eh ben ?...
TRUCHELU.
Je s'rais scandalisé... v'là tout.
FLOQUET.
Oh ! qu'y m'asticote !
BOURÈCHE, à Truchelu.
Restez donc, voisin, v'là bientôt l'heure de la Bourse.
TRUCHELU, à Denise.
Je ne joue pas, moi, mam'selle ; je travaille, moi ; je laboure,
moi ; je sème, moi, pour recueillir, moi !...
(Denise passe près de Marianne.)
BOURÈCHE, sur le même ton. **
T'es un crétin, toi.
TRUCHELU.
Un crétin !...
BOURÈCHE, tirant sa montre.
Une heure moins un quart... la Bourse va s'ouvrir... Al-
lons, mesdames, rentrez dans la coulisse.

* Malcuit, Floquet, Denise, Truchelu, Bourèche, Marianne.
** Malcuit, Floquet, Truchelu, Bourèche, Denise, Marianne.

MARIANNE et DENISE.

Comment ?

BOURÈCHE.

Les femmes ne sont pas reçues à la Bourse... elles restent dans la coulisse... rentrez dans la coulisse.

MARIANNE.

Ah ! que je me fais de mauvais sang !

ENSEMBLE.

LES DEUX FEMMES et TRUCHELU.

AIR :

C'est vraiment abominable !
Quoi ! nous ne pouvons }
Elles ne peuvent   } rester !...
Devant un ordre semblable,
Il faudra } nous } révolter.
          } vous }

MALCUIT, FLOQUET, BOURÈCHE.

Il faut être raisonnable,
A quoi bon se révolter ?
L'homme seul est responsable,
Ici seul, il doit rester.

(Marianne et Denise sortent par la deuxième porte à droite. — Truchelu s'éloigne par le fond.)

SCÈNE V.

MALCUIT, FLOQUET, BOURÈCHE.

FLOQUET.

Oh ! je rage, je rage... Père Malcuit, rasez-moi vite !... (Il s'assied à gauche.)

MALCUIT, le savonnant.

Au pouce, ou à la cuillère.

FLOQUET.

Comment ça ?

MALCUIT.

Si c'est au pouce, voilà. (Il lui met son pouce dans la bouche.)

FLOQUET.

Ah ! sapristi ! est-ce que vous avez épluché de l'oignon ?

MALCUIT.

Si vous préférez la cuillère, c'est un sou de plus.

FLOQUET.

Va pour la cuillère, un jour de noce y n' faut pas y regarder.

BOURÈCHE.

Ah ! Et la corbeille des agents de change que j'oubliais !...
(Il place le baquet au milieu.) V'là tous nos boursiers qui vont venir...
j' crois que l' marché sera lourd.
(Pendant ce temps, Malcuit a mis une cuillère dans la bouche de Floquet et le rase.)

FLOQUET, à Malcuit.

Prenez donc garde... vous allez me faire avaler vot' cuillère !

SCÈNE VI.

MALCUIT, FLOQUET, EUSTACHE, BOURÈCHE, JEAN, NICOLAS, tous LES PAYSANS.

(Ici l'on voit entrer Eustache et un grand nombre de paysans, qui se promènent
par deux, par trois, mais sans se parler, ou se parlant à l'oreille. Ils ont tous
un calepin à la main et vont des uns aux autres, mais sans élever la voix. La
scène n'est occupée que par les allées et les venues qui se font en silence et
sans aucun bruit. Malcuit rase toujours Floquet, mais tout à coup une heure
sonne, et à l'instant tous se mettent à vociférer. Tous les paysans crient à la
fois, en se démenant comme des démons autour du baquet. — On n'entend
que ces mots : Choux, navets, carottes, porreaux, choux-fleurs, artichauts, me-
lons, etc., etc. — Malcuit quitte Floquet et court se mêler aux autres paysans.
— Floquet court après lui et le ramène de force. — Malcuit continue à le raser
avec fureur et le coupe. — Floquet crie. — Malcuit lui met un morceau d'amadou sur la coupure. — Les cris continuent crescendo. — Les paysans vont des
uns aux autres, écrivant sur leur calepin ; en un mot, ce tableau doit être une
charge d'une Bourse de Paris. A ce moment la cloche sonne, et à l'instant le
silence le plus complet s'établit.)

JEAN, montant sur un escabeau derrière le baquet et lisant un papier. *

Fermeture des cours. — Les asperges ont monté. — Les me-
lons sont fermes. — Les navets sont mous. — Les cornichons
sont découverts. — Les radis reviennent... au premier cours.
— Les carottes se soutiennent. — Les haricots sont calmes.

BOURÈCHE, enroué.

Le vent n'est pas aux haricots... tant mieux. — Ouf ! c'est
fatigant. Messieurs, n'oubliez pas que la liquidation se fait à
trois heures. Je n'ai plus de voix... mais j'ai pas mal de navets !...

* Malcuit, Floquet, Bourèche, Jean, Nicolas, Eustache.

EUSTACHE, à part.

Ça m'est égal, j'ai vendu dix-huit mille carottes, et j'en ai
acheté dix-huit mille... donc, je suis certain de perdre et de
gagner. Je toucherai ce que j'aurai gagné, et je ne payerai pas
ce que j'aurai perdu... c'est un plan de carottes.

BOURÉCHE, qui était remonté avec les autres paysans.

Dans trois quarts d'heure, c'est convenu.

TOUS.

C'est convenu !

CHŒUR.

AIR *de Castilbetza.*

Notre gain
Est certain ;
La Bourse
Est notre ressource,   } *Bis.*
Surtout attention
A la liquidation.

(Eustache, Malcuit, Jean, Nicolas et les paysans sortent par le fond. —
Ou a remis le baquet en place.)

SCENE VII.

BOURÉCHE, FLOQUET, ensuite MARIANNE et DENISE.

FLOQUET, regardant son morceau d'amadou dans la glace de droite.

Satané père Malcuit !... m'abimer le physique le jour de mon
mariage !... Je vais être obligé d'aller à la mairie avec un morceau d'amadou.

BOURÉCHE, qui a reconduit les paysans.

Allons, allons, je crois que j'ai fait de bonnes petites affaires.

FLOQUET.

Ah çà ! maintenant, faut penser à la noce !

BOURÉCHE.

C'est vrai, débarrassons-nous de la noce. (Appelant.) Marianne,
Denise !

(Il remonte.)

FLOQUET, passant à gauche. *

Pourvu que ma future prenne ça pour un grain de beauté !

* Floquet, Bourêche.

MARIANNE, *entrant avec Denise par la deuxième porte de droite.* *

Eh ben ! qu'est-c' que vous voulez ?

FLOQUET.

Nous voulons partir pour la mairie.

MARIANNE.

Et les témoins ?

FLOQUET.

Les témoins ?...

DENISE.

Oui, ous qu'y sont les témoins ?

BOURÈCHE.

Ah ! crédienne, ils sont retournés à la petite Bourse.

MARIANNE et DENISE.

Allons, bon !

FLOQUET.

Attendez-moi, j' m'en vais vous les amener par les oreilles.

(Il sort vivement par le fond.)

SCÈNE VIII.

DENISE, BOURÈCHE, MARIANNE.

MARIANNE.

Ah ! c'est du gentil ! Et vous croyez que ça ira toujours comme ça.

BOURÈCHE.

Femme, taisez-vous !

MARIANNE.

Non, que je ne me tairai pas... C'est une horreur !... Depuis que tout le village ne songe plus qu'à s'enrichir, y s' ruine ; rien n' va pus, les champs sont abandonnés, les autorités désertent la mairie, et avant-hier le garde champêtre a laissé deux amoureux s'embrasser dans les blés, parce qu'il avait joué sur les pommes de terre.

BOURÈCHE.

Ah ! dame... les pommes de terre rapportent plus que les procès-verbaux.

MARIANNE.

C'est au point qu'hier vous aviez acheté trois mille carottes, et qu'aujourd'hui je n'en avais pas une seule à mettre dans le pot-au-feu.

BOURÈCHE.

Les carottes cessent d'être un légume, c'est une valeur.

---

* Floquet, Denise, Bourèche, Marianne.

DENISE, qui était remontée, redescendant au milieu. *

Mais alors, que tout devienne une valeur, je comprendrai cela.

Air : *Vaudeville de l'Apothicaire.*

De la Bourse et de tous vos jeux
Nous devrions courir les chances ;
Les femmes sur leurs amoureux
Pourraient jouer des différences
Alors, un amoureux serait
Une valeur dans une ferme...
Même avec prime on le prendrait ; } *Bis.*
Pour s'en débarrasser à terme.

BOURÈCHE.

Eh mais... c'est une idée.

(Malcuit, Eustache, Jean et Nicolas entrent par le fond.)

SCÈNE IX.

Les Mêmes, MALCUIT, EUSTACHE, JEAN, NICOLAS.

LES QUATRE TÉMOINS. **

Nous voilà ! nous voilà !

BOURÈCHE.

Ah ! enfin v'là les témoins ! partons !

DENISE.

Eh ben ! et l'marié ?

MARIANNE et BOURÈCHE.

Oui, le marié ?

MALCUIT.

Floquet ?... il est resté à la petite Bourse, il achète des tomates.

MARIANNE et DENISE.

Ah !

BOURÈCHE, à part.

Des tomates !... je n'en ai pas, c'est une idée !

(Il remonte.)

MARIANNE, indignée.

Des tomates !

* Bourèche, Denise, Marianne.
** Bourèche, Denise, Marianne, Malcuit, Eustache, Jean, Nicolas.

DENISE, indignée.

Quitter sa future pour des tomates !

BOURÈCHE. *

C'est affreux !... Je vais le chercher. Ah ! nous allons voir, nous allons voir !

(Il sort en courant par le fond, et bouscule, en sortant, Truchelu qui entre.)

SCÈNE X.

DENISE, TRUCHELU, MARIANNE, MALCUIT, EUSTACHE, JEAN, NICOLAS.

TRUCHELU, à Bourèche.

Au diable ! prenez donc garde !

DENISE.

Oh ! quelle patience il faut avoir.

TRUCHELU, descendant lentement.

Comment, nous ne sommes pas encore à la mairie ?

MARIANNE.

Ah ben, oui !

AIR de *Madame Favart*.

En ce moment où chaque homme calcule,
Et ne pens' qu'à doubler son bien,
Chacun se dit qu'à la Bourse ou spécule,
Qu'à la mairie on n' gagne rien,

TRUCHELU, à Denise.

Si j'épousais une femme jolie,
Indifférent sur toute autre valeur,
En la menant à la mairie,   } *Bis.*
Je spécul'rais sur mon bonheur.

DENISE.

C'est gentil ce que vous dites là.

MALCUIT.

Oui, c'est gentil, mais c'est bête.

MARIANNE et DENISE.

Comment, c'est bête !

MALCUIT.

C'est bête, parce qu'une femme ça ne rapporte aucun dividende.

EUSTACHE.

Ça ne rapporte que des désagréments.

MARIANNE et DENISE.

Ah !

(Truchelu passe à gauche.)

SCÈNE XI.

LES MÊMES, FLOQUET.

FLOQUET, accourant par le fond. *

Ouf ! me voilà ! partons !

DENISE.

Comment, monsieur, vous me faites le sacrifice de vos tomates ?

FLOQUET, bas.

Mais puisque c'est pour plaire à votre père que je joue.

DENISE.

Eh ben ! où est-y, mon père.

MARIANNE, à Floquet.

Il était allé vous chercher.

FLOQUET.

Je ne l'ai pas vu.

MALCUIT.

Il vend ses navets !...

TRUCHELU.

V'là un mariage qui se fait à la cligne-musette. (A part.) Bon !
bien ! bravo !...

DENISE, à Floquet.

Voyons, à la fin, il s'agit de savoir si nous nous marions, ou
si nous ne nous marions pas, oui ou non.

FLOQUET.

Mais c'est oui, c'est cent fois oui.

DENISE.

Eh ben ! écoutez-moi, mon petit Floquet... vous êtes ben
gentil et je vous aime ben... mais vous aimez trop la Bourse...

FLOQUET.

Moi, grand Dieu !...

DENISE.

Et, si d'ici à cinq minutes tout le monde n'est pas réuni, je
me déshabille, et adieu la noce !

FLOQUET.

Ah ! pas de bêtise. J'ai mon idée. (Passant près de Malcuit **.) Sui-

____

* Truchelu, Denise, Floquet, Marianne, Malcuit, Eustache, Jean, Nicolas.
** Truchelu, Denise, Marianne, Floquet, Malcuit, Eustache, Jean, Nicolas.

vez-moi, mes quatre témoins, nous allons quérir le père Bourèche, et, à nous cinq, nous le ramènerons de force, s'il le
faut.

MARIANNE.

Et vous jurez de ne pas revenir les uns sans les autres?

TOUS.

Nous le jurons!

MARIANNE.

C'est bien, partez, et ne vous quittez pas!... moi, je vas veil-
ler la marmite.

CHŒUR.

Air de Fernand Cortez.

Partons, partons, partons,
Courons
Bien vite
A sa poursuite,
Partons, partons, partons,
Nous le ramènerons.

(Floquet, Maicuit, Eustache, Jean et Nicolas sortent en courant par le fond,
à la queue leu leu. — Marianne sort par la deuxième porte à droite.)

SCÈNE XII.

TRUCHELU, DENISE.

TRUCHELU, à part.

Nous v'là seuls!... c'est l' moment d'être malin!...

DENISE.

Et on dit que l' mariage est l' plus beau jour de la vie!... jarni!
qu'est-ce que seront donc les autres?

TRUCHELU.

C'est vot' faute, Denise; si vous aviez voulu de moi, tout ça
n' vous s'rait pas arrivé.

DENISE.

Oh! ça, c'est vrai que j' suis ben fâchée de ne pouvoir vous
souffrir, parce que, si je ne vous détestais pas, je vous aime-
rais peut-être... et que je serais ben plus heureuse!

TRUCHELU.

Alors, pourquoi qu' vous m' détestez?

DENISE.

J' sais pas.

TRUCHELU.

C'est-y parce que je ne suis pas aussi joli que Floquet, par hasard?...

DENISE.

Oh! non, vous êtes aussi jolis l'un que l'autre

TRUCHELU.

C'est-y parce que je suis moins riche, moins faraud?

DENISE.

Oh! non, tout l'monde sait que vous êtes le plus fringant du pays.

TRUCHELU.

C'est-y alors que j'danse mal?

DENISE.

Vous? vous êtes l'garçon qui saute l'plus haut d'tout l'village.

TRUCHELU.

C'est donc parc'que je n'vais pas au cabaret, que je n'joue pas à la Bourse?

DENISE.

Ah! Dieu! c'est ça qui m'f'rait vous aimer, si je n'vous détestais pas.

TRUCHELU.

Encore, alors dites vos raisons.

DENISE.

J'vous déteste, parc'que dans l'pays tout l'monde s'défie d'vous, parc'qu'on dit que vous êtes mauvaise langue, que vous faites vos coups en dessous, que vous êtes médisant, hypocrite, sournois, mauvaise tête, rancunier, jaloux, méchant.

TRUCHELU.

Eh! la, la, queu litanie! V'là pourtant c'que c'est qu'de n'pas faire comm' les autres. (A part.) Tâchons de l'engeôler!... (Haut.)

Air : *Si vous n'avez aimé.*

Si j'étais un sans l'sou, je s'rais moins hypocrite;
Si j'allais à la Bourse, on m'estimerait plus;
Si j'étais un ivrogne, on m'aim'rait tout de suite;
Si j'avais leurs défauts, j'aurais tout's les vertus.
Mais je suis travailleur, je suis sage, économe,
Comm' tous ces freluquets, je n'fais pas les yeux doux...
Pour être estimé d'eux, je suis trop honnête homme...
Et je vous aime trop, pour être aimé de vous.

(A part.) Aïe donc!... j'crois que c'est tapé!...

DENISE, trépignant.

Voyez s'ils reviendront! (Elle remonte.)

TRUCHELU, *passant à droite.*[*]

Y a peut-être une baisse sur les radis… faut prendre patience. Vous leur avez donné cinq minutes, et y n'y en a encore que dix de passées.

DENISE, *redescendant.*

Oh! si j'avais un moyen de me venger!

TRUCHELU.

Un moyen?… J'en connais un, moi.

DENISE.

Et lequel?

TRUCHELU.

Depuis c'matin, vous êtes le pis aller de tout l'monde, vot' père, vot' futur, vos témoins, tout l'monde vous fait attendre… Eh ben, si j'étais à vot' place, je m'ferais attendre à mon tour.

DENISE.

Eh ben, ous que je m'cacherais donc?

TRUCHELU.

Tenez!… dans la chaumière de Bastienne ou la ferme de Nicolas.

DENISE.

Merci, traverser tout l'village en costume de mariée.

TRUCHELU.

J'ai là ma carriole, et j'vous conduirons.

DENISE.

Oh! l'fait est qu'ils auraient ben mérité…

TRUCHELU.

Oh! mais vous aureriez peur!…

DENISE.

J'aurais peur?…

TRUCHELU.

Vous manquereriez de courage!…

DENISE.

De courage?…

TRUCHELU.

Vous n'osereriez pas!…

DENISE.

J'n'oserais pas?… Partons!

TRUCHELU.

Vrai?

DENISE.

A la chaumière de Bastienne!

* Denise, Truchelu.

TRUCHELU.

Ça va. (A part.) Une fois dans ma carriole nous irons plus loin que ça.

DENISE.

Partons par le petit sentier.

ENSEMBLE.

Air :

Hâtons-nous,
Voyez-vous
La bonne vengeance...
Du silence
Et tr'etous
Ils vont courir après nous...

(Ils sortent par la porte de gauche.)

SCÈNE XIII.

NICOLAS, BOURÈCHE, FLOQUET, MALCUIT, EUSTACHE, JEAN, puis MARIANNE.

(Ils se tiennent tous par la main et arrivent en courant par le fond, et en se tirant à la queue leu leu.)

TOUS.

Nous v'là, nous v'là, nous v'là au grand complet.

BOURÈCHE.

Partons !

FLOQUET.

Eh ben ! et la mariée ?

BOURÈCHE, appelant.

Marianne ! Denise !

MALCUIT.

Est-c' qu'elles s'raient aussi allées à la petite Bourse ?

BOURÈCHE.

Denise ! Marianne !

TOUS.

Denise !... Marianne !...

MARIANNE, entrant par la deuxième porte à droite. *

Eh ben, quoi donc ?

* Nicolas, Bourèche, Floquet, Marianne, Malcuit, Eustache, Jean.

BOURÊCHE.

Nous vous attendons, quoi !

FLOQUET.

Où est Denise ?

MARIANNE.

Denise ?... est-ce qu'elle n'est pas là ?

BOURÊCHE, appelant.

Denise !

FLOQUET.

Mais, sapristi ! je n' peux pas m' marier sans mariée !

MARIANNE, remontant et regardant au fond, à gauche.

Ah ! mon Dieu ! La carriole qui file !...

TOUS.

Quoi ?

MARIANNE, redescendant.

J'avais laissé Denise ici avec Truchelu.

TOUS.

Truchelu !

MARIANNE.

Il l'aura enlevée !

TOUS.

Enlevée !

BOURÊCHE.

Ma fille !

FLOQUET.

Ma future !

MARIANNE.

Il faut courir après elle !

FLOQUET.

Courir ?... Je ne fais que ça !

LES QUATRE TÉMOINS.

C'est ça !... courez !... courez !...

ENSEMBLE.

AIR de *Fernand Cortez.*

Courons, courons, courons,
Courez, courez, courez
Bien vite
A leur poursuite.

Courons, courons, courons,
Courez, courez, courez,
Nous les rattraperons !
Vous les rattraperez.

(Marianne, Floquet et Bourêche sortent vivement par le fond.)

SCÈNE XIV.

NICOLAS, MALCUIT, EUSTACHE, JEAN.

EUSTACHE.

M'est avis qu' c'est ben inutile de courir après la vertu des filles.

MALCUIT.

Surtout quand elle a pris la clef des champs avec un garçon.

EUSTACHE.

Faut mieux courir après les écus.

JEAN.

C'est moins volatile.

MALCUIT.

Dites donc, mes enfants, ne trouvez-vous pas que les légumes c'est un peu exigu, et que faudrait trouver autr' chose de nouveau pour la spéculation ?

EUSTACHE.

J'y ai déjà songé.

MALCUIT.

Eh ben, moi j'ai trouvé... Chut ! voyez-vous ça ?

(Il montre un papier.)

EUSTACHE.

Ça, on dirait d' la cote au père Bourèche.

MALCUIT.

C'est elle-même, il l'a laissée tomber en tirant sa tabatière, et j' lui ramassée.

TOUS.

Eh ben ?

MALCUIT.

Eh ben ! ça prouve que le père Bourèche est un vieux malin, il nous fait jouer sur des valeurs qu'il connaît ; tandis qu'à la Bourse de Paris, on joue sur des valeurs qu'on ne connaît pas.

TOUS.

Ah bah !

MALCUIT.

Tenez. (Lisant.) Connaissez-vous les lins Maberly ?

TOUS.

Non.

MALCUIT.

Personne ne connaît ça... Eh ben ! c'est coté deux cent cinquante francs.

TOUS.

Pas possible.

MALCUIT.

Et les lits militaires ?... Vous savez c' que c'est qu'un lit militaire ?

EUSTACHE.

C'te bêtise, puisque j'ai l' cousin d' ma femme qu'est militaire et qui couche chez moi.

MALCUIT.

Eh ben ! son lit vaut mille francs !

EUSTACHE.

Mille francs !... y n'y a qu'une paillasse !

MALCUIT.

Mais c'est un lit militaire , et ça vaut ça.

EUSTACHE.

Vrai ?... Ah ben, tant pis pour mon cousin, j' vas vendre son lit !

MALCUIT.

Autre chose... Savez-vous c' que valent les chiens au jour d'anjourd'hui ?...

TOUS.

Non !...

MALCUIT.

Et ben !... un chien, ça vaut cent quatre-vingt-seize francs cinquante.

TOUS.

Allons donc !...

MALCUIT, montrant son papier.

Tenez... à preuve... Dogues...

EUSTACHE, épelant.

D, o, c, k, s, dogues... cent quatre-vingt-seize francs cinquante.

MALCUIT.

N'y a pas à dire, c'est imprimé.

EUSTACHE.

Oh ! qué bonne affaire ! moi qu'en ai deux, César et Pataud... Je vendrai mes dogues fin courant.

MALCUIT.

Et les petites voitures, cent quinze francs !

JEAN.

Pour cent quinze francs une petite voiture !...

NICOLAS.

C'est pas cher.

MALCUIT.

Mais nous n'en avons pas. Nous n'avons que des brouettes.

EUSTACHE.

Eh ben ! des brouettes, c'est des petites voitures.

MALCUIT.

C'est vrai!... Oh! mais, mes enfants, voilà le plus extraor-
dinaire!... les mobiliers... Savez-vous ce que vaut un mobilier
à la bourse de Paris?

TOUS.

Non!

MALCUIT.

Quinze cent soixante-sept francs cinquante!

EUSTACHE.

Oh! alors, c'est un beau mobilier.

MALCUIT.

Du tout... tous les mobiliers... T'as un mobilier, tu dis:
J' vends mon mobilier; et on te donne quinze cent soixante-sept
francs cinquante.

EUSTACHE.

Air : *Un homme pour faire un tableau.*

Parole d'honneur!

MALCUIT.

Si tu comprends,
A la Bourse...

EUSTACHE.

Oui, je crois comprendre...
Ce qui ne vaut que deux cents francs?...

MALCUIT.

A quinze cents tu peux le vendre!

EUSTACHE.

A quinze cents!... que dis-tu là?...
Je n' comprends plus...

MALCUIT.

Mon Dieu, qu' t'es bête!
A la Bours , mon cher, c'est comm' ça:
Moins on comprend, plus on achète...

EUSTACHE.

Alors faut vendre.

JEAN.

C'est dit: nous vendrons tous nos meubles!

TOUS.

Tous!

MALCUIT.

Mais, pour en revenir à la liquidation, je ne vous cache pas
que je suis inquiet.

EUSTACHE.

A cause ?...

MALCUIT.

J'ai vendu quinze cents navets à Floquet... croyez-vous qu'il
se liquide ?...

LES PAYSANS, hochant la tête.

Hum ! hum !...

MALCUIT.

Vous doutez ?

SCÈNE XV.

LES MÊMES, FLOQUET. Il entre en se traînant par le fond, et tombe sur
une chaise.

FLOQUET.

Ouf ! j'en peux plus.

EUSTACHE.

Vois-tu, Truchelu, qu'est un malin, m'a toujours dit de me
méfier de Floquet.

FLOQUET, à part.

Mon nom !

EUSTACHE.

Entre nous, je ne le crois pas solide.

FLOQUET, se levant.

Hein !...

EUSTACHE.

C'est un garçon qui ne peut aller bien loin.

FLOQUET.

Moi !...

MALCUIT.

Si je l'exécutais ?...

FLOQUET, se cachant derrière le baquet.

M'exécuter !...

PREMIER PAYSAN.

Dame, entre nous, dans son intérêt, je te le conseille.

EUSTACHE.

C'est un grand coup à frapper !...

MALCUIT.

Je le frappe... Suivez-moi, vous allez voir comme quoi je
procède à l'exécution.

(Malcuit, Eustache, Jean et Nicolas sortent par le fond.)

* Nicolas, Malcuit, Eustache, Jean, Floquet.

SCÈNE XVI.

FLOQUET, ensuite BOURÈCHE.

FLOQUET, seul, sortant de sa cachette.

Horreur!... Truchelu enlève ma fiancée, et il charge mon barbier de m'exécuter; un homme à qui je livre ma tête et qui peut en abuser lâchement; mais je ne suis plus en sûreté dans ce pays!

BOURÈCHE, entrant par le fond. *

Oh! le ciel soit loué!... j'arrive à temps.

FLOQUET.

Vous avez retrouvé votre fille?

BOURÈCHE.

Ma fille? non!... j'arrive à temps pour la liquidation.

FLOQUET.

Mais votre fille?... votre fille?...

BOURÈCHE.

Elle est enlevée et ma femme court après... Pourquoi ne cours-tu pas, toi?

FLOQUET.

Parce que ce serait courir à ma perte!...

BOURÈCHE.

A ta perte?... à cause?...

FLOQUET.

A cause que Malcuit parle de m'exécuter.

BOURÈCHE.

Dame!... s'il n'a pas confiance en toi... il a raison... On exécute tous ceux dont on se défie... à moins qu'ils n'aient une couverture...

FLOQUET.

Une couverture!

BOURÈCHE.

Aie une couverture... on ne t'exécutera pas... (Il remonte.)

FLOQUET.

Fallait donc le dire. (Il sort par la première porte à droite.)

BOURÈCHE.

V'là tous nos spéculateurs... la liquidation va commencer.

(Malcuit, Eustache, Jean, Nicolas et les paysans entrent par le fond.)

---

* Floquet, Bourèche.

SCÈNE XVII.

JEAN, MALCUIT, EUSTACHE, BOURÈCHE, Paysans,
ensuite FLOQUET, puis les Paysannes, et en dernier,
un Garde Champêtre.

CHŒUR.

Air nouveau de J. Nargeot.

A l'entraînement on cède,
Mais faisons attention,
Car voilà que l'on procède
A la liquidation.

(Les paysans sont entrés avec des légumes dans des hottes et des paniers. — Tableau d'une liquidation à la Bourse. — On se place sur des bancs derrière des tables, et debout autour. — Pendant ce qui suit, la liquidation marche au fond. — Les paysans échangent des navets contre des radis, des choux contre des pommes de terre, etc.)

BOURÈCHE.

Voyons la réponse des primes.

JEAN.

Je viens d'acheter.

NICOLAS.

J'ai vendu.

JEAN.

J'ai gagné !

NICOLAS.

J'ai perdu !

BOURÈCHE.

Qu'on exécute les victimes !

(A Eustache.)

Eustache, tu me dois dix-huit mille carottes !

EUSTACHE.

Je n'en possède pas dix bottes,
Et prudemment je fais un pouf,
Ouf !

BOURÈCHE.

Ah ! voleur ! ah ! gredin ! ah ! canaille !

EUSTACHE.

C'est vrai, je suis un rien qui vaille;
Mais je n'ai rien, et qui n'a rien, n' doit rien.

BOURÈCHE.

Morbleu! cela commence bien !

EUSTACHE, à Malcuit.

Malcuit, je t'ai vendu dix-huit mille carottes.

MALCUIT.

Je n'en possède pas trois bottes,
Et comme toi je fais un pouf.
Ouf !

EUSTACHE.

Ah ! voleur ! ah ! gredin ! ah ! canaille !

MALCUIT.

C'est vrai, je suis un rien qui vaille;
Mais je n'ai rien, et qui n'a rien n' doit rien.

FLOQUET, entrant avec une couverture par la première porte à droite, à part.

J'espère que tout ira bien.
(Eustache sort par le fond.)

MALCUIT, à Floquet.

Ah ! ta présence me rassure,
Car tu viens me payer mes quinze cents navets.

FLOQUET.

C'est en vain que je le voudrais,
Mais je t'offre une couverture.

MALCUIT.

Une couverture de coton!

FLOQUET.

Que j'achetai d'occasion,
Pour le trousseau de ma future!

CHŒUR, allant crescendo.

Nous offrir de telles valeurs !
La Bourse est pleine de farceurs !
C'est une infamie!... une horreur !

* Jean, Malcuit, Floquet, Bourèche, Nicolas.

Vous n'avez ni foi, ni pudeur !
C'est une horreur ! c'est une horreur !

(Ici l'on voit entrer des brouettes, une charrette avec un mobilier. — Eustache, qui
était sorti, rentre avec deux chiens en laisse et un lit sur ses épaules. — Les
paysannes entrent en cherchant à mettre le holà.)

EUSTACHE. *

Qui veut un mobilier
Et des lits militaires?...
Que tout particulier,
Qui ne s'enrichit guères,
Soit encore alléché
Par des chances plus sûres...
Qui veut des p'tit's voitures
Et des dogues à bon marché ?

LE CHŒUR.

Ah ! ah ! ah ! ah ! ah ! ah ! ah ! ah !
Les belles valeurs que voilà !...

REPRISE.

Nous offrir de telles valeurs !
La Bourse est pleine de farceurs !
C'est une infamie ! une horreur !
Vous n'avez ni foi, ni pudeur !
C'est une horreur ! c'est une horreur !

(Pendant le dernier chœur, les choux, les navets, les carottes voltigent. — On se
les jette à la tête. — Il en est de même des objets apportés par Eustache et les
paysans. — Ce tableau, sur un *forté* d'orchestre, doit être très-mouvementé
et très-bruyant. — A la fin du chœur, un garde champêtre avec un tambour paraît
au fond et bat un roulement.)

LE GARDE CHAMPÊTRE, après le roulement.

Il est fait à savoir aux habitants de Noisemont, que par or-
donnance de monsieur le maire, attendu que les hommes négligent leurs femmes, que les amoureux négligent les jeunes
filles et que tout le monde néglige les intérêts de la commune,
la Bourse est fermée...

TOUS.

Fermée !...

LES FEMMES.

Bravo !... bravo !...

LE GARDE CHAMPÊTRE.

Défense est faite à tout un chacun de se réunir soit à la
grande, soit à la petite Bourse !... Vive monsieur le maire !

LES FEMMES.

Vive monsieur le maire !...

* Jean, Malcuit, Floquet, Eustache, Bourèche, Nicolas.

SCÈNE XVIII.

LES MÊMES, MARIANNE, DENISE, entrant par le fond.

MARIANNE.
La voilà, la voilà!...

FLOQUET.
Denise!...

MARIANNE.
J' l'ai rattrapée.

DENISE.
Ah! c' vilain sournois de Truchelu!... il se souviendra d'avoir voulu m'enlever... j' lui ai donné une paire de giffles!...

FLOQUET.
Voyez-vous, le gredin!...

LE GARDE CHAMPÊTRE, à Bourèche.
Monsieur Bourèche, v'là une lettre de Paris pour vous.
(Il la lui donne et se retire au fond.)

BOURÈCHE.
Pour moi? (Il ouvre la lettre.)

MARIANNE, regardant autour d'elle.
Ah! jarni! queu remue-ménage!... on n' sait p'us tant seulement où mettre les pieds.

BOURÈCHE, qui a lu la lettre.
Ah! mes amis...

TOUS.
Quoi donc?

BOURÈCHE.
Jean Fillerin, qu'avait gagné tant d'argent à la Bourse de Paris...

TOUS.
Eh ben?

BOURÈCHE.
Il a tout perdu... il est ruiné!

TOUS.
Tout perdu!...

BOURÈCHE.
Et il y a des gens qui jouent à la Bourse!... qui risquent leur argent et la dot de leurs femmes... comme toi, Floquet!...

FLOQUET.
Comment?... mais c'est vous...

* Jean, Malenit, Floquet, Denise, Bourèche, Marianne, Eustache, Nicolar, le Garde (au second plan).

BOURÈCHE.

Arrière, boursicotier !... tu n'auras pas ma fille !...

(Il fait passer Denise à sa gauche.)

FLOQUET. *

Qnoi que vous dites ?

DENISE.

Mon père !...

SCÈNE XIX.

Les Mêmes, TRUCHELU.

TRUCHELU, qui vient d'entrer par le fond. **

Comment, le mariage est rompu ?...

BOURÈCHE.

Ah ! Truchelu... à la bonne heure !... v'là l'homme qui me convient pour gendre !...

TRUCHELU.

Serait-il possible ?

BOURÈCHE.

Tu ne joues pas à la Bourse, toi !...

TRUCHELU.

Oh ! non !...

BOURÈCHE.

Tu travailles, toi !...

TRUCHELU.

Je travaille... je laboure mon champ.

BOURÈCHE.

Tu laboures... et tu ne risques pas de tout perdre d'un seul coup !...

TRUCHELU.

N'y a pas de danger.

BOURÈCHE.

Comme Jean Fillerin.

TRUCHELU.

Quoi !... Jean Fillerin...

BOURÈCHE, lui donnant la lettre qu'il a reçue.

Tiens, lis.

TRUCHELU, après avoir lu.

Ah ! mon Dieu !... j' suis ruiné...

* Jean, Malcuit, Floquet, Bourèche, Denise, Marianne, Eustache, Nicolas.
** Jean, Malcuit, Floquet, Bourèche, Truchelu, Denise, Marianne, Eustache, Nicolas.

TOUS.

Ruiné !...

MALCUIT.

Comment !... toi, qui ne jouais pas à la Bourse.

TRUCHELU.

Je jouais à celle de Paris... j'étais associé avec Fillerin.

FLOQUET.

Ah ! c'est bien fait !

TOUS.

Oui, c'est bien fait !...

FLOQUET.

Nous verrons s'il paye tout c' qu'il doit.

TRUCHELU.

Moi, j' payerai rien du tout... j' fais un pouf !

(Il remonte et passe à l'extrême gauche.)

FLOQUET.

Gredin !... (A Bourèche.) Mais moi, père Bourèche, je ne suis pas joueur... je ne jouais que pour vous faire plaisir.

BOURÈCHE.

Ah! si tu ne jouais que pour me faire plaisir... tu me feras le plaisir de ne plus jouer, et je te redonne ma fille... (Il fait passer Denise près de Floquet.*) Tu l'épouseras fin courant.

VAUDEVILLE FINAL.

AIR : *Des Cancans.*

CHŒUR.

Fin courant ! (bis)
Pourquoi r'mettre c' qu'on attend
Fin courant ? (bis)
Tout devrait s' faire au comptant.

EUSTACHE.

Dès que revient le printemps,
Nous comptons sur le beau temps ;
Mais, à chaqu' mois d' mai nouveau,
On entend dire : Il f'ra beau
Fin courant.

CHŒUR.

Fin courant... etc.

* Jean, Truchelu, Malcuit, Floquet, Denise, Bourèche, Marianne, Eustache, Nicolas.

FLOQUET.

A Paris, dans maint boudoir,
On vous teint les ch'veux en noir;
Pendant un mois c'est du jais,
Mais on a les ch'veux violets
      Fin courant.

CHŒUR.

Fin courant... etc.

MALCUIT.

On dit que, pour parvenir,
Faut êtr' fin et bien courir;
Ces deux principes reçus,
Chaque place est donc au plus
      Fin courant.

CHŒUR.

Fin courant... etc.

BOURÈCHE.

Les femmes, par leurs volants,
Engeôlent tous les galants;
Mais que d' galants engeôlés
Par ces volants sont volés
      Fin courant!

CHŒUR.

Fin courant... etc.

MARIANNE.

Autrefois, soir et matin,
Mon époux était câlin
Maint'nant, quand j' lui dis : Bichon
Viens m'embrasser... y m' répond :
      Fin courant.

CHŒUR.

Fin courant... etc.

TRUCHELU.

A la Bourse, on va *courant*,
Parcourant et *discourant*,
Et de son compte *courant*
Le jobard est au *courant*
      Fin courant.

CHŒUR.

Fin courant... etc.

DENISE, au public.

A ce p'tit tableau d'essais,
Y n' faut qu'un tout p'tit succès :
Sans frapper à tour de bras,
Messieurs, ne nous r'mettez pas
      Fin courant. (*Bis.*)
Messieurs, c' n'est pas important,
Vous pouvez à l'instant
Nous applaudir au comptant.

CHŒUR.

Fin courant... etc.

FIN

Paris. — IMP. DE LA LIBRAIRIE NOUVELLE. — A. Delcambre 15, rue Breda.